ÉLOGE

DE

SUGER.

SUGER Abbé de S. Denis en France Principal Ministre d'Etat et Regent du Royaume sous le Roy Louis 7. dit le jeune, mort en 1152. âgé de 70 ans

Non communicabo cum electis eorum. Ps. 140

ÉLOGE
DE
SUGER,

Abbé de Saint-Denis, Miniſtre d'État, & Régent du Royaume, ſous le Regne de Louis-le-Jeune;

DISCOURS

Qui n'a point concouru pour le Prix de l'Académie Françoiſe :

Par l'Abbé JUMEL, Vicaire de Sainte-Opportune.

Non communicabo cum electis eorum.
Pſ. 140.

A BRUXELLES;
Et ſe trouve A PARIS,
Chez VALADE, Imprimeur-Libraire, rue des Noyers.

M. DCC. LXXIX.

ÉLOGE
DE
SUGER.

LES voilà donc ces cloîtres que la manie du siecle voudroit anéantir; les voilà donc encore le berceau d'un grand homme & l'école d'un sage. Ils s'applaudissoient modestement d'avoir produit plusieurs personnages célebres depuis leur fondation, quand ils se virent enrichis d'un homme qui sembla leur émule. DE SUGER, ce Ministre si souvent digne d'éloges, rarement repréhensible, mais qui, selon la nouvelle philosophie, mérite à peine un souvenir, parce qu'il fut Moine, & peut-être même parce qu'il fut Chrétien. C'est l'arrêt qu'ont prononcé les beaux esprits, & que la mode rend irrévocable.

N'est-il pas singulier, en effet, qu'on mette au rang des Grands Hommes, celui qui crut, comme le peuple, un Dieu rémunérateur & vengeur, qui travailla dès sa plus tendre jeunesse à subjuguer ses passions, & qui se fit un rampart de la retraite & du silence contre le tumulte du monde, & contre les mœurs du tems?

Elles étoient sans doute moins contagieuses que les nôtres; les divertissemens tenoient à la barbarie d'un siecle absolument étranger à l'art de rafiner les plaisirs : on ne connoissoit alors ni cette musique efféminée qui nous énerve, ni ces spectacles dangéreux qui, pour donner à l'ame une sensibilité romanesque, lui ôtent son énergie; mais malheureusement dans tous les âges comme dans tous les climats, il n'y eut que trop d'occasions de flétrir l'innocence; celle de SUGER ne pouvoit être mieux conservée que dans ce Monastere célebre où Benoît parle encore après sa mort, & où la cendre des Monarques est la plus forte leçon qu'on puisse donner aux hommes sur le néant des biens & des grandeurs. Il se fit une perspective de ces deux objets ; & doublement encouragé par cette vue, son cœur méprisa la terre pour s'attacher au Ciel.

Cette vie spéculative qui retraçoit celle des Anachorettes des premiers tems, ne devoit point être la sienne. La Providence l'appelloit à des études qui devoient être utiles à ses Contemporains, & servir de guides aux Rois mêmes. Nous verrons comment après avoir approfondi les Sciences, il devint le Scrutateur des esprits ; comment il ne vécut qu'avec lui-même, afin d'apprendre à vivre avec les autres ; comment il fut circonspect dans son Monastere, pour pouvoir être politique à la Cour ; comment il se ménagea la confiance des Rois, suppléant par l'élévation de son génie à ce qui lui manquoit du côté de la naissance & du rang. C'est une lumiere qui sort du cahos de la féodalité, qui ne laisse encore échapper que quelque lueur, mais qui répandra bientôt les plus vives clartés : ainsi cet astre nocturne, qui nous éclaire dans les ténebres, ne se développe tel qu'il est qu'après nous avoir montré diverses phases, & cru successivement à nos yeux.

Nous éviterons d'abaisser son siecle en l'opposant au nôtre, sachant que dans l'économie du maître de l'Univers, il en est des différens âges comme des différentes fleurs, dont les unes sont plus éclatantes, & les autres plus rembrunies. Nous nous attacherons aux principaux traits de sa vie, à ceux particuliérement qui méritent d'être loués; un éloge n'est pas une histoire.

━━━━━━━━━

Un inconnu qui ne se montre à l'Abbaye de Saint-Denis que pour présenter son fils & pour disparoître; qui se dépouille de tout l'amour qu'il lui doit, pour le confier au suprême arbitre des destinées, comme s'il avoit lu dans l'avenir que Dieu seul seroit le réfuge & l'appui de cet enfant privilégié; voilà sans doute un événement qui tient du prodige.

Sanctuaire ouvrez votre enceinte ! SUGER n'est plus dans ce moment qu'un orphelin;

ſes parens l'ont abandonné : mais par un zele à toute épreuve, par une application religieuſe à ſes devoirs, il naîtra de lui-même, il relevera la gloire de vos autels. Manes des Monarques, écoutez ſes premiers cris ! Il deviendra quelque jour l'oracle & le conſeil de vos deſcendans.

Ne regrettons point ici ſes premières années ; le tems qu'on paſſe dans une pieuſe retraite n'eſt jamais perdu : le cœur ſe rétrécit dans le commerce du monde, au lieu qu'il s'agrandit quand il ſe rapproche de cet être immenſe en qui nous avons tous le mouvement & la vie. Ce fut la perſuaſion de Philippe qui crut devoir arracher ſon fils à la Cour pour l'inſtruire des vertus qui fleuriſſent dans les Monaſteres comme ſur leur propre ſol.

Voilà donc le jeune Suger, quoique ſans titres & ſans aïeux, auprès d'un Prince qui doit un jour gouverner la Nation. Je tremble pour ſa jeuneſſe, ſi ſa prudence ne le ſauve du péril. La moindre indiſcrétion le rendroit coupable ; la moindre familiarité peut le perdre. Raſſurons-nous. Adam, cet homme

A iij

intelligent que l'Abbaye de Saint-Denis met au nombre de ses plus illustre Abbés, a pénétré son génie ; il a prévu que son ame magnanime étoit faite pour approcher les Trônes.

Étrange union que celle d'un Roi futur & celle d'un Religieux concentré dans son cloître : mais la vertu réunit les distances. Louis-le-Gros s'abaisse, SUGER s'éleve, & leurs cœurs se mettent au niveau. Que de rares pensées, que de sublimes désirs naquirent de cet heureux commerce. SUGER fait sortir de l'histoire les grands tableaux qui doivent fixer les regards des Monarques, & Louis les observe avec avidité. Il est sur-tout charmé de parcourir en esprit les peuples divers dont les Rois firent le bonheur ; & s'il paroît impatient de régner, ce n'est que pour remplir une si noble destinée.

Êtres précieux à l'humanité ; jouissez tranquillement l'un & l'autre de vos utiles entretiens ! La nouvelle philosophie ne s'est point encore montrée sur la terre : elle ne viendra point altérer la solide éducation que vous donne la piété : elle ne viendra point vous dire qu'il faut rompre les liens de la Religion pour goûter la félicité ; que le culte qu'on rend à l'Éternel ; que l'espoir d'une autre vie ne sont que des chimeres & des préjugés.

Suger étoit déjà d'autant plus intéressant, qu'envoyé dans les écoles les plus célebres du Royaume, il y avoit puisé des connoissances capables d'orner l'esprit & le cœur. Les opinions qu'on y enseignoit alors, quoique souvent bizarres, n'offusquerent point ses idées ; il sut démêler la vérité de ce qui n'en avoit que l'apparence, & s'il ne trouva pas les Universités aussi éclairées qu'elles le sont aujourd'hui, il ne les vit point non plus opprimées sous le joug de l'erreur. Jamais l'enseignement public, malgré l'absurdité des systêmes qui régnerent si-long-tems, ne fut une doctrine capable de nuire aux mœurs, non plus qu'à la société.

Il n'en fut pas de même de la législation. Évoquée à la voix de Charlemagne, qui en connut mieux que personne la nécessité, elle vint s'asseoir avec lui sur le Trône, jusqu'au moment où la France eut le malheur de perdre ce grand Roi ; époque funeſte. La barbarie reprit alors ſa férocité. Les Seigneurs, comme au tems de Pharamond, ne connurent d'autres Loix que le caprice & la tyrannie ; les Châteaux redevinrent des lieux de crime & d'horreur ; les inſtitutions ſociales s'étoufferent au milieu des combats, & les Tribunaux ſe virent livrés à des mercenaires qui ignoroient juſqu'aux formes de la Juriſprudence. Triſte ſouvenir ! mais qui releve infiniment à nos yeux cette Magiſtrature éclairée dont les Citoyens tirent tant d'avantages, & les Loix tant de vigueur.

Parlerai-je de ces Pontifes ambitieux, qui pour relever leur pouvoir, aviliſſoient celui de Dieu même ? Non : le reſpect que nous devons à l'Éternel s'étend ſur ſes Miniſtres ; & ſans vouloir confondre ici ceux qui édifierent les peuples avec ceux qui les ſcandaliſerent, pourquoi toujours fixer des vices au lieu de contempler des vertus ? L'onzieme ſiecle eut des Évêques puiſſans en œuvres & en paroles, au ſein même de l'ignorance & de la confuſion, & voilà les tableaux faits pour un œil chrétien.

Louis-le-Gros, en quittant l'Abbaye de Saint-Denis, ne se dépouille point des excellens principes qu'il a reçus du jeune Suger. Adam lui-même, par une grandeur d'ame peu commune, le conduit au Conseil du Roi, & le met à sa place. Que ce trait vange au moins les Cloîtres des injustes reproches qu'on leur fait, de n'avoir dans leur sein que des hommes qui se jalousent mutuellement, & qui ne travaillent qu'à se perdre.

Suger change insensiblement les usages de la Cour qui tenoient à l'état : c'est à lui qu'on doit les mariages de nos Monarques avec leurs Vassaux; alliances qui unirent à la Couronne nos plus belles Provinces. Quelle habileté ne fallut-il pas dans un Religieux qui n'avoit alors que vingt-trois ans, & qui sans doute étoit en butte à l'envie, pour opérer une semblable révolution. Rien de plus difficile à déraciner que des préjugés antiques qui se parent du titre fastueux d'étiquette & de grandeur.

Les événemens qui menent Suger au faîte des honneurs, lui font trouver dans la mort de Philippe la plus brillante occasion de signaler son zele & son génie. Louis, devenu Roi, ne pense point que l'éclat de sa Couronne peut le dispenser d'être ami. Son ame reconnoissante comble Suger de bienfaits; & les Moines de Saint-Denis lui donnent les Prévôtés de Berneval & de Toury, pour entrer dans les vues du jeune Monarque.

Profitera-t-il de ses Bénéfices, pour se rendre indépendant de son Abbé ? Vivra-t-il en séculier au milieu des possessions ecclésiastiques ? C'est outrager son mérite que de le soupçonner. Il laisse aux autres le triste honneur d'avoir, selon la mode du tems, des serfs, des chiens, des chevaux, de courir les hasards de la chasse & de la guerre, & de se distinguer par des mœurs féroces & par des usages licentieux ; il ne se roidit contre son siecle, que parce qu'il se sent né pour réformer les âges futurs, il n'échappe aux persécutions de la coutume & de l'exemple, que parce que son ame l'éleve au-dessus des préjugés.

On seroit sans doute fâché de voir un

Baron du Puiset entrer dans son éloge, si l'on ne savoit pas qu'il y a des ombres par-tout où brille le soleil. Cet ennemi public, ou plutôt ce brigand poursuivi jusqu'aux pieds du Trône par une multitude de Seigneurs qui ont écouté les justes plaintes de Suger, prévient lui-même le châtiment que mérite ses forfaits; & tandis que la Religion gémit d'un pareil suicide, la Patrie s'en applaudit.

Que j'aime à me représenter Suger arrêtant le sang qui couloit si souvent à grands flots; faisant germer dans les Cours la modération & la paix; établissant parmi les Souverains cette fraternité qui détruit la méfiance, & qui donne le plus grand éclat à l'amitié. Par ses voyages comme par ses correspondances, il devient un homme universel, qui, malgré la différence des mœurs & des climats, unit des Rois qui se haïssent, des peuples qui ne se connoissent pas, des hommes qui n'ont pour Loix que la vengeance & la férocité. L'Europe, d'une extrémité jusqu'à l'autre, se fait entendre, & tout le monde se parle, & tout le monde paroît s'empreffer de concourir au bien général. Tel eft l'effet des négociations ; & c'eft un Cénobite élevé dans fon Cloître, un Religieux féparé du refte de la terre, qui en donne le premier exemple.

Il eft vrai que le Ciel l'avoit enrichi de ces dons qui concilient les efprits. Un caractere aimable, une douceur prévenante, une élocution facile lui méritoient par-tout des louanges & des fuffrages. La perfuafion eft le plus fûr empire quand on veut gouverner les hommes : on réfifte fouvent à la force, prefque jamais à l'infinuation. Il étoit digne d'un Miniftre de la Religion de n'employer que de tels moyens : & SUGER ne faifant ufage de fon pouvoir que pour des relations auffi utiles qu'honorables, fe couvre d'une gloire ineffaçable. Que les amis des Monarques ne l'ont-ils toujours imité, la France ne compteroit pas parmi fes Miniftres des hommes qui n'abuferent que trop fouvent de leur autorité : mais ne parlons point de ces malheurs que le regne préfent nous a fait oublier.

Allez généreux Citoyen qui faites tant

d'honneur à votre Patrie, allez chez les Nations étrangeres produire vos talens & vos vertus : elles ont besoin d'un sage qui les éclaire. Vous ferez respecter votre Roi comme un Souverain qui connoît les hommes, & ne donne sa confiance qu'à ceux qui la méritent. En vain on voudroit vous reprocher le luxe qui vous précede & vous environne. SUGER n'est point un Religieux qui voyage, mais l'envoyé d'un Monarque, qu'on ne peut dignement représenter que par la pompe & par la magnificence.

Il est des circonstances où les hommes ont besoin d'être éblouis. La barbarie traînoit alors à sa suite une hideuse rusticité qui faisoit horreur : on ne voyoit sur les personnes, on n'appercevoit dans les Villes, dans les maisons, que des vestiges d'une assoupissante paresse & d'une affreuse indigence. Les Peuples étoient mal meublés, mal vêtus, & leurs mœurs assorties à leurs vêtemens, n'inspiroient que du mépris ou de l'aversion. Le faste fit disparoître insensiblement ces effrayans tableaux ; & si par la suite il fut poussé trop loin, il n'en faut accuser que notre propre inconstance, qui ne sut jamais tenir un juste milieu.

Le voilà donc, cet habile négociateur, le voilà au milieu de la diete de l'Empire, attirant sur lui tous les regards, mais toujours aussi modeste qu'il est grand. France ! espere tout de sa politique & de son génie. Déjà les Successeurs d'Henri V, qui ont juré ta perte, sont exclus du Trône Impérial; & ce ne sont point tes armes qui obtiennent cette victoire, mais les talens d'un simple sujet que tu ne connus point dans son enfance, qui sembloit perdu pour le siecle & pour la postérité, & qui fait aujourd'hui ta gloire & ton appui.

Rien ne résiste à la force de l'éloquence. Nous avons vu les Nations les plus belliqueuses, les Peuples les moins policés se laisser vaincre par cet art séduisant, on peut même ajouter dangereux, si l'on parcourt les divers événemens où il fit tort à la vérité. Les Cours, les Académies, les Tribunaux se ressentirent plus d'une fois de son adresse à faire recevoir des paradoxes pour des sentences, & à répandre dans les esprits de fausses opinions. Tant d'ouvrages que l'amour de la nouveauté produit ne feroient pas la funeste impression que les Auteurs en attendent, si des paroles fastueuses n'y tenoient lieu de pensées, si des phrases gigantesques n'y servoient de remparts à des sophismes que la simple raison n'ose attaquer. SUGER fut toujours trop sincere pour être ainsi éloquent. S'il trompa quelquefois les Cours, ce ne fut qu'en disant la vérité. L'éducation religieuse lui avoit appris que la bouche ne doit jamais être en contradiction avec le cœur, & que si la politique veut souvent qu'on se taise, elle ne permet jamais à l'homme honnête de mentir.

Rome, à qui les grands personnages de presque tous les tems porterent un tribut d'admiration & d'amour, Rome auroit eu raison de se plaindre, si celui-ci n'avoit point paru dans ses murs ; mais son génie vient s'unir à tant d'autres qui avoient environné le Trône pontifical, & il y déploie ces rares talens que les Papes surent toujours apprécier, & qui lui mériterent tous les honneurs. On s'empresse de l'entendre ; on se précipite pour le voir, & sa présence ne fait qu'augmenter la haute idée qu'on a de ses vertus : on ne lui refuse rien de ce qu'il demande ; & dans le moment même qu'il combat les prétentions ultramontaines, il se fait aimer. Applaudissons au discernement de Calixte, qui veut se l'attacher comme un personnage dont la Cour de Rome à besoin pour étendre son empire avec plus d'assurence : mais SUGER est François, & rien ne pourra le détacher du serment qu'il a fait à sa Patrie de la servir fidélement jusqu'à la mort. Si la Capitale de l'Univers captive son cœur & son attention, ce n'est que parce qu'elle est le centre d'une Religion dont il connoît tout le prix, & qu'elle recéla dans son sein des Sages & des Savans qui ne cesserent d'enrichir l'Histoire. Ces objets ne l'empêcherent pas de jetter plus d'une fois des regards sur ces monumens immortels où les Artistes respirent eux-mêmes, en faisant revivre les héros.

Mais il manqueroit quelque chose à sa gloire, s'il ne s'étoit montré que comme un politique. Il fit voir dans plusieurs Conciles

ciles où il fut appellé, qu'il n'étoit pas moins versé dans la science de Dieu, que dans celle des Cours. Il y parut comme un Théologien profond. Ses avis furent respectés par les Évêques mêmes, quoiqu'ils soient les oracles & les conseils de ces vénérables Assemblées; la Religion se plaît à rappeller ces traits, & il faut avouer qu'ils ne l'honorent pas moins que ses négociations.

Qu'est-ce qu'un Concile en effet ? La réunion de différens esprits, mais tous également nourris de l'Écriture-Sainte & de la Doctrine des Peres; tous également attachés à cette vénérable antiquité qui remonte jusqu'aux Apôtres, & qui sans rien emprunter de la nouveauté, reproduit leurs sentimens & leurs maximes; un assemblage de lumieres dégagées de ces nuages qui se forment dans le tumulte du monde, & qu'engendrent les passions; un arsenal où pendent les boucliers de la foi, & d'où partent ces foudres qui désarment les Hérésiarques, & qui pulvérisent les erreurs; un Sanctuaire où le Ciel répand tous les dons de l'Esprit Saint, & où l'Église

B

dans le silence, & sous les yeux de Dieu même, forme ses décisions.

D'après ces différentes fonctions dont Suger s'acquitte avec tant de succès ; qui fut plus capable que lui d'être tout à la fois à la tête d'un Monastere & d'un Royaume ? Adam meurt ; il lui succede, & le Roi le nomme son Ministre.

Transportons-nous jusqu'au moment où cet homme né pour les choses extraordinaires, d'une main sur le Trône, de l'autre sur l'Autel, distribue des ordres qui font la félicité des peuples, & qui maintiennent la discipline des Religieux. Ici tout à son Dieu ; là tout à son Roi. Il s'isole, il se multiplie, il se renferme, il se communique, il s'abaisse, il s'éleve selon les circonstances & selon les besoins. Vous le croyez à la Cour, il est dans sa Cellule ; & s'il paroît quelquefois traîner à Saint-Denis un faste extérieur, c'est pour étayer la réforme qu'il veut introduire de toute l'autorité que donne le crédit. La faveur d'un Monarque est la meilleure digue qu'on puisse opposer aux efforts des hommes qui ont besoin d'un frein salutaire, & qui cherchent à le rompre. D'ailleurs, faut-il que SUGER ait tout le zele de Bernard pour n'être pas sans reproche ? Le Ciel ne partage-t-il pas ses dons d'une maniere différente ? L'un doit être l'Ange tutélaire de la France ; l'autre le Héros de la Religion. Mais ce qu'on ne peut s'empêcher d'admirer, c'est qu'ils s'estiment, c'est qu'ils sentent en eux-mêmes une impulsion surnaturelle qui devoit les rapprocher ; de sorte qu'en louant celui-ci, on n'ôte rien à l'éloge de celui-là.

Je trahirois la cause du douzieme siecle, & je lui déroberois une partie de sa gloire, si le célebre Abbé de Clairvaux ne trouvoit pas ici sa place. Quel Homme ! quel Savant ! quel Apôtre ! Sa mémoire est dans tous les lieux, comme il fut dans tous les cœurs. Il faut lire son histoire pour apprendre qu'il est mort : on en parle de toutes parts comme s'il étoit encore vivant ; & plus la satyre ose s'exercer sur sa personne, plus il reprend un nouvel éclat. Moraliste sans sécheresse, sententieux sans austérité, il exhorte en pere, il persuade en Orateur, il parle en ami : & si son intention comme son zele justifie les leçons qu'il donne aux Papes, les remontrances qu'il fait aux Rois ; les guerres entreprises par le Peuple de Dieu contre les Philistins qui enlevent l'Arche, semblent excuser les Croisades contre les musulmans. Blamons-en les excès ; & Bernard lui-même qui n'irrite les incrédules que parce qu'il fut aussi grand Homme qu'il est Saint, ne nous contrediroit pas. L'Église, en lui décernant des honneurs publics, venge ses actions & ses écrits : elle qui laisse sous l'anathême Tertullien, Origène, parce qu'ils ont erré, quoiqu'elle les compte au nombre de ses Docteurs & de ses Peres.

Ne nous étonnons plus si SUGER, averti par l'Abbé de Clairvaux, n'en conserve aucun ressentiment. Il est trop grand, il aime trop la vérité pour ne pas l'entendre, surtout quand elle lui donne des avis par l'organe de la vertu.

Qui peut mieux faire taire le respect humain & l'orgueil, que le zele d'un solitaire qui reprend l'homme en place avec force, &

que la docilité du Ministre qui, loin de s'en plaindre, s'accuse & se réforme. Historiens vous l'écrirez dans vos Annales, & l'Univers l'admirera. Heureux regne ! siecle fortuné ! où l'on voit les hommes les plus célebres sacrifier leurs intérêts personnels pour la gloire de la Religion & le bonheur de l'État. Ceux-ci, malgré la diversité des sentimens, malgré la voix de l'amour-propre qu'il est si difficile d'étouffer, se rapprochent, s'unissent, maintiennent l'éclat du Trône, donnent des mœurs à la Nation, sans s'occuper qui des deux aura plus de part aux éloges de la postérité.

Abélard, beaucoup moins fait pour embellir une Histoire qu'un Roman, mais intéressant par ses malheurs & par son génie, fixoit alors l'attention du Public. Tourmenté par des fanatiques qui l'avoient tenu en prison pour avoir soutenu que Saint-Denis n'étoit pas l'Aréopagite, il se réfugia chez l'Abbé SUGER, qui, en qualité de son ancien ami, le reçut avec bonté. Il lui permit même de vivre monastiquement par-tout où il voudroit. Si c'est là vexer les hommes comme on le prétend, qu'on nous dise comment il faut s'y prendre pour leur faire du bien.

Qu'Abélard par la suite ait manifesté son goût pour les disputes & pour les nouveautés ; qu'il ait été condamné dans un Concile tenu à Sens ; qu'il l'ait été par le Souverain Pontife, osera-t-on dire que l'Abbé SUGER fut injuste & partial pour l'avoir censuré? Depuis que la nouvelle Philosophie traite l'Histoire en despote, on n'y trouve plus la vérité.

Pour vous Héloïse ! peut-être aurez-vous à vous plaindre de ce Ministre ; vous, arrachée du Prieuré d'Argenteuil pour passer dans un autre asyle : mais outre qu'une résistance trop opiniâtre contribua sans doute à la persécution que vous parutes éprouver, SUGER n'étoit-il donc pas maître de disposer d'une maison qui vous avoit été accordée par faveur, & qui fut toujours un annexe de son Abbaye ? D'ailleurs, qui pourra nous répondre que l'amour profane & l'amour divin qui se disputerent si long-temps l'empire de votre cœur, n'aient pas causé quelqu'émotion parmi des filles consacrées à la retraite, où la plus légere indiscrétion remue les langues, agite les esprits, & devient le sujet des plus bizarres entretiens. Qu'il est difficile lorsqu'on est tourmenté par quelque forte passion, de n'en pas laisser appercevoir quelques vestiges. Les pensées sont alors comme autant d'étincelles qui sortent d'un brasier, & qui semblent renaître à mesure qu'elles s'éteignent.

Suger eût été sans doute plus humain envers Abélard & Héloïse, s'ils lui eussent inspiré cette sensibilité qui anime aujourd'hui nos Poëtes, lorsqu'il est question de leurs trop célebres amours. Mais un Religieux, pour échauffer son imagination & son cœur, devoit-il s'abandonner à des fictions que l'esprit de notre siecle embellit, & que la licence de nos mœurs divinise? C'est la Fable & non l'Histoire qui a rendu ce couple infortuné si mémorable, & qui, au détriment des Bernard, des Norbert, des Pierre de Cluni, des Yves de Chartres, des Pierre Lombard & des Richard de Saint-Victor, ose le regarder comme l'ornement & le phénomene du douzieme siecle. L'amour

B iv

est si peu durable par lui-même, que pour se faire illusion il va chercher dans les aventures les plus romanesques, un aliment propre à nourrir ses feux.

On ne prétend point peindre ici SUGER comme un personnage sans défauts ; il en eut heureusement pour la consolation de l'humanité, pour apprendre qu'il n'y a que l'Être essentiellement bon qui n'ait point d'imperfections. Mais convient-il de juger son ame sans avoir le secret de son cœur ? Combien de fois n'est-on pas trompé par les apparences ? Si l'Abbaye de Saint-Denis s'enrichit par ses soins, n'est-ce pas pour la rendre l'hospice des malheureux, la retraite des vertus, une source de libéralité qui coule sans interruption en faveur de l'indigent ? A qui put-on mieux confier des biens qu'à ce Monastere fameux, qui depuis l'époque de la Congrégation de Saint-Maur a nourri dans son sein tant d'illustres Savans ; qui depuis la Fondation de Saint-Cyr est devenu une ressource assurée pour des filles précieuses à l'État, & qui n'ont d'autre fortune que la Noblesse & la Vertu ?

Ici la fcene change ; le grand Miniftre reparoît ; c'eft-à-dire un homme qui embraffe d'un coup-d'œil toute l'étendue du Royaume, & qui promene fes penfées jufqu'au-delà des mers, qui fe cache dans fes plus brillantes entreprifes, pour en laiffer à fon Roi tout le mérite & tout l'éclat ; un homme qui s'éleve au-deffus de l'humanité par la fupériorité de fes lumieres, & qui defcend jufqu'au dernier des malheureux pour en être le pere & l'appui ; un homme qui enrichit le Souverain fans appauvrir l'État, qui arrête les déprédations & les cruautés, conferve à la valeur toute fa gloire & tout fon courage, qui répond à tout le monde & qui fuffit à tout ; un homme fans foibleffe comme fans humeur ; pauvre au milieu des richeffes, affable au fein des honneurs, toujours prêt à quitter fa place, toujours occupé à faire le bien ; un homme qui fait difcerner les efprits, écarter l'adulation, appeller le mérite, aimer la vérité, récompenfer la vertu ; un homme enfin, ferme fans rudeffe, pieux fans affectation, économe fans avarice, généreux fans prodigalité.

Il ne place les Tribunaux dans ſon Abbaye de Saint-Denis, que pour les mettre ſous les yeux mêmes de l'Egliſe qui abhore le ſang & le carnage; précaution néceſſaire dans un tems où la premiere Loi ſembloit être la férocité. Raſſurez-vous, Bernard ! SUGER ne veut pas énerver les regles monaſtiques, mais il veut ſanctifier les Loix, mais il veut inſpirer à ceux qui en ſont les dépoſitaires, la clémence & l'équité. Il prépare cette heureuſe légiſlation que Saint-Louis doit un jour établir dans le Royaume; il diſpoſe de loin cet auguſte Monarque à proſcrire les duels en les défendant lui-même à deux Princes du Sang, acharnés l'un contre l'autre : & ce qu'il y a de plus admirable dans un ſiecle où le fanatiſme n'avoit point encore perdu ſon empire, il oſe abolir les aſyles. Les autels, dont la vertu ſeule peut approcher, ne ſervent plus de ſauve-garde au crime. SUGER leur fait rendre l'honneur qui leur eſt dû, en ne voulant pas qu'ils contribuent à la conſervation des malfaiteurs, ni qu'ils ſoient en quelque ſorte leurs complices. En vain les cenſures le menacent, en vain le peuple lui prophétife des malheurs : plus l'orage gronde, moins il eſt effrayé ; la juſtice de ſon cœur lui répond de la bonté de ſa cauſe ; & ſes lumieres dans les affaires qu'on lui ſuſcite, lui découvrent qu'elle en ſera la fin.

Mais comment après s'être lui-même volontairement enchaîné dans un cloître, travaille-t-il à détruire l'eſclavage, en s'occupant des moyens d'abolir le regne féodal ? Doit-on attendre cet ineſtimable bienfait d'un Religieux accoutumé à la ſervitude par devoir & par goût ? Ah ! c'eſt qu'une grande ame excitée par le génie, penſe beaucoup moins à ſoi-même qu'au bien général. SUGER gémit amérement de voir la raiſon attachée à la glebe, comme l'inſtinct du plus vil animal, & ſes déſirs devancent de ſix cents ans le conſolant Édit de Louis XVI, qui finit heureuſement ce que Louis-le-Gros n'avoit qu'ébauché. Il faut peu de tems pour que le mal ſoit à ſon comble, tandis qu'il faut des ſiecles pour conduire le bien à ſa perfection. France ! ma patrie, tu n'es pas faite pour avoir des eſclaves. Tes Monarques toujours bienfaiſans, ton Peuple toujours gai, même au sein du malheur, tes mœurs aussi douces que ton climat, revendiquerent sans cesse la liberté.

Louis-le-Jeune venoit de contracter l'alliance la plus avantageuse avec Éléonore, Duchesse de Guyenne, quand le Roi termina dans le sein de la piété sa glorieuse carriere. Quelle consternation pour le Royaume! quelle affliction pour SUGER! il perdoit un Monarque, son confident, son ami, le Souverain le plus digne d'être aimé, sans savoir si le fils suivroit un tel exemple. Nos Philosophes modernes auroient-ils soupçonné qu'une éducation monastique seroit le germe d'un si beau regne, eux qui voudroient que la liberté de penser servît de regle à tous ceux qui élevent la jeunesse?

Que de Courtisans vont assiéger le nouveau Roi pour lui donner un autre Ministre! Mais le moment qu'on croit être celui de la disgrace de SUGER, devient son triomphe. Il conseille au Roi, que la circonstance de son mariage retenoit encore à Bordeaux, de revenir à Paris. Ce Prince, contre l'avis de tous les Seigneurs, part & se rend à Poitiers. On y apprend que la ville d'Orléans se révolte. Le Monarque, encouragé par l'Abbé de Saint-Denis, s'y préfente en perfonne. Les mutins furpris ouvrent les portes ; dans l'inftant les chefs de la rébellion font exécutés ; tout le monde tremble, & chacun rentre dans fon devoir. C'eft ainfi que le Religieux le plus pacifique & le plus modefte fait être intrépide quand la circonftance l'exige. Il entre couvert de gloire dans la Capitale, & fon humilité le fert avec tant d'avantage, qu'il n'y a que le Roi feul dont le peuple s'occupe.

Il s'oppofe à la conquête du Comté de Touloufe, que la Reine confeilloit avec d'autant plus d'avantage, qu'elle avoit toutes les graces propres à perfuader ; & l'événement fit voir qu'il ne s'étoit pas trompé. Tandis que le Roi part pour cette entreprife, il fe retire dans fon Abbaye. Là, il appelle les plus habiles ouvriers, & au milieu des travaux & des arts, il fait fortir des fondemens une nouvelle Églife dont l'étendue répond à la beauté. On en célébra la dédicace avec une pompe extraordinaire. Le Monarque, au retour de son expédition malheureusement infructueuse, voulut assister à cette auguste cérémonie. On y vit la même magnificence que SUGER avoit déployée quand il reçut les Souverains Pontifes (Innocent II, Eugene III). Ce sont là de ces événemens où le Ministre le plus modeste se voit forcé d'être fastueux.

L'Abbaye de Sainte-Genevieve, dans ces tems barbares où la coutume dépravoit les mœurs, avoit besoin d'un sage & zélé réformateur. SUGER, dont la pieuse sollicitude ne se rallentit jamais, entreprit cette bonne œuvre : il introduisit lui-même dans ce lieu consacré par la dévotion des fideles, des Religieux capables d'édifier ; & mêlant la douceur à la sévérité, il fit refleurir des vertus qu'on croyoit altérées jusques dans la racine. Heureuse époque ! qui a perpétué jusqu'à nous des Chanoines aussi respectables par leurs lumieres que par leur régularité.

Faut-il donc que les meilleurs regnes soient toujours troublés par de funestes catastrophes. Louis-le-Jeune jouissoit du calme que donne la tranquillité d'une sage administration, & le silence des paffions, quand l'enthoufiafme des Croifades vint enflammer les cœurs & les efprits. On ne parla plus que d'aller conquérir la Terre-Sainte ; on ne vit plus dans l'Univers que le tombeau de l'Homme-Dieu, dont on devoit abfolument écarter les Infideles ; & Bernard, qui par fes auftérités comme par fon éloquence entraînoit la Nation, jugea cette œuvre fainte, parce qu'elle avoit la Religion pour objet. A peine eut-il manifefté fa penfée, que le Peuple, les Grands, le Monarque lui-même s'armerent avec une fainte fureur. On part, on atteint les mers, on vogue à pleines voiles ; déjà l'on eft fur les terres du Sultan ; & il n'y a que Suger qui aura la gloire d'avoir voulu retenir fon Roi ; il aime mieux voir le Monarque au milieu de fes Sujets, que de fe voir lui-même Régent du Royaume. Hommes ambitieux qui facrifieriez au plaifir de dominer, honneur, probité, l'obéiffance que vous devez à vos maîtres, admirez & rougiffez. Suger s'éternife lui-même en immortalifant fon fiecle par un héroïfme qui efface toutes fes fautes, & qui fait oublier tous ſes défauts. Fidele Sujet, quelle ſera votre récompenſe?...... Vous régnerez dans l'Hiſtoire, vous vivrez dans les cœurs.

Ce n'eſt pas une foible victoire d'avoir ſu contrarier le ſentiment de ſon Roi, l'opinion du Souverain Pontife, le zele de Saint-Bernard, dans un tems ſur-tout où l'on paſſoit preſque pour impie, ſi l'on n'applaudiſſoit pas à l'efferveſcence des croiſés.

La France ſe rappelle combien les Régences lui furent toujours fatales : & quoique ſûre des excellentes qualités du nouveau Régent, elle flotte entre la crainte & l'eſpoir. SUGER n'eſt point de naiſſance; SUGER n'eſt qu'un Religieux : combien les Grands ne vont-ils pas le déteſter? combien leur haine ne ſe feroit-elle pas fortifiée, ſi nos Philoſophes modernes euſſent alors exiſté. On eût ſans doute entendu dans leurs aſſemblées, on eût lu dans leurs écrits que le Chriſtianiſme énerve les ames, qu'il offuſque les idées, qu'il retrécit les eſprits, qu'il eſt intolérant par principes, & que tout homme qui en ſuit les maximes, eſt abſolument incapable de bien gouverner. Qu'auroit fait

notre

notre illuſtre Abbé, tenant la foudre en main, ayant une puiſſance à qui rien ne pouvoit réſiſter, maître de punir à ſon gré ?...... Il les eût regardé d'un œil de pitié.

Quelle ſagacité n'employa-t-il pas pour démêler les intérêts particuliers du bien général, pour donner des limites au Sacerdoce, des bornes à la Magiſtrature, un frein à toutes les paſſions ? Ici il fait reſpecter les Prélats, & il les arrête ; là il contient les Juges, & donne à la Juſtice la plus grande activité. Il ſait que la deſtinée du Royaume eſt entre ſes mains, & il les conſerve pures; il a tous les tréſors à ſa diſpoſition, & il ne ſe réſerve rien pour lui-même : s'il jette des richeſſes dans ſon Abbaye, c'eſt pour qu'elles en ſortent au premier beſoin de l'État : il ſait que ſi les Cloîtres ſont des boulevards du Chriſtianiſme, ils ſont les endroits les plus propres à conſerver des dépôts. Le Peuple l'aime & le craint ; les Sciences & les Arts font un effort pour venir ſeconder ſon génie ; mais il ne peut que leur tracer une route qui les amenera tôt ou tard juſqu'au

Trône. Si quelquefois il adoucit le pouvoir, ce n'eſt que pour être obéi plus sûrement. Il rejette les prétentions de tous les différens Corps de l'État, pour mieux conſerver leurs droits : il veut que les dons faits par la piété reſtent aux Égliſes, aux conditions que le Clergé ſoulagera les pauvres. Les paſſions s'enchaînent ſous les Loix qu'il établit, & l'heureuſe liberté, qui diſtingue l'homme de la brute, n'en reçoit aucune atteinte. Les Papes ſe diſputent contre les Empereurs ; les Seigneurs ſe querelent avec les Évêques ; il n'ouvre les yeux ſur ces déſordres, que lorſqu'il faut parler en maître, & c'eſt alors que le Roi de France tonne par ſon organe. Jamais il n'oublie qu'il n'eſt que ſon premier Agent, & que l'autorité dont il uſe n'eſt qu'une domination empruntée : c'eſt un aſtre qui réfléchit la lumiere du ſoleil, & qui tire tout ſon éclat de celui qui lui vient de la Paleſtine.

On ne l'entend diſputer, ni parmi les Controverſiſtes, ni parmi les Théologiens ; il ne prête la voix à leurs cris, que pour faire condamner Gilbert de la Poré, qui s'enfonçant dans les profondeurs de la métaphyſique, débite dans un ſynode à Poitiers, une doctrine ſuſpecte ſur la ſimplicité de Dieu & ſur l'eſſence des trois perſonnes.

SUGER, débarraſſé de cette affaire, donna tous ſes ſoins à l'adminiſtration des finances : il trouva le moyen de ſoutenir la guerre allumée dans la Paleſtine, ſans mettre aucun nouvel impôt, exécutant par-là ce que nous voyons aujourd'hui ſe réaliſer avec la plus grande admiration : il avoit ſeul la garde du tréſor royal, & jamais il ne fut mieux ménagé. Quand un Miniſtre à l'affection d'un Peuple, & qu'il n'amaſſe rien pour lui-même, les reſſources ne lui manquent jamais.

Qu'il eſt beau de le voir ſans autres gardes que ſes vertus, auſſi modeſte que s'il eût toujours vécu dans ſon Cloître, dans un tems où Saint-Bernard lui donne le titre de Prince, Pierre le Vénérable celui de régnant, où des Évêques le nomment Majeſté, où le Comte de Vermandois, premier Prince du Sang, l'appelle ſon Seigneur; & c'étoit une ſuite de la lettre que le Roi lui

écrivit sur sa route. « Toutes choses », lui dit-il, « sont entre vos mains depuis que nous
» nous en sommes rapportés à votre pru-
» dence sur ce qui regarde notre Royaume,
» afin que vous en preniez soin comme de
» vos propres affaires ». Aussi le Pape donnoit-il à Suger la qualité de Vice-Roi, & quelques Historiens n'ont-ils pas fait difficulté de le mettre au rang des Monarques.

Quelle réputation n'eut-il pas dans les Pays étrangers ? Joséel, un des premiers Prélats d'Angleterre, vint uniquement à dessein d'admirer la sagesse de son gouvernement, & à son retour il lui écrivit en ces termes : « Vous êtes par-tout dans une si
» haute estime, que le désir d'avoir part à
» votre bienveillance nous a fait passer les
» mers, & nous ne sommes venus de si loin
» que pour être les témoins des grandes mer-
» veilles qu'on raconte de vous comme du
» Salomon de notre siecle, & la vérité nous
» a paru beaucoup au-dessus de ce que la
» Renommée nous avoit appris. Qui ne se-
» roit pas étonné de voir un homme sou-
» tenir seul le poids des plus importantes

» affaires, maintenir les Églises dans la paix, » réformer le Clergé, défendre le Royaume » par les armes, civiliſer les mœurs, & faire » par-tout fleurir les loix & les vertus ».

Ajoutons à cet éloge que Robert, Roi de Sicile, ſe mit en chemin pour aller au-devant de lui, ſur le bruit qui s'étoit répandu qu'il venoit en Italie; que David, Roi d'Écoſſe, lui envoya les préſens les plus magnifiques, & des Ambaſſadeurs uniquement pour lui demander ſon amitié; qu'Henri premier, Roi d'Angleterre, le prit pour arbitre des différens qu'il avoit avec la France, ſans écouter alors cet eſprit de domination qui nous ſuſcite continuellement des guerres, & que notre Auguſte Monarque, ſagement belliqueux, travaille avec ſuccès à réprimer : c'étoit une émulation parmi tous les Princes de l'Europe, à qui auroit plus de part aux bonnes graces du Régent.

Mais il faut le voir au moment qu'un bruit ſourd répand dans tout le Royaume que l'armée françoiſe eſt totalement défaite par les Turcs, & que le Roi lui-même a péri dans le combat. Pour ne pas livrer le

Peuple au défefpoir, il fait contenir fa douleur, & fon vifage toujours ferein ne laiffe rien entrevoir de fon ame cruellement déchirée. Une lettre du Monarque le raffure, & ne fert qu'à prouver combien il favoit fe poffédér au milieu des plus grands revers.

Infortunés ! que le fort livre au défefpoir, la Régence de SUGER fut pour vous une fource de confolation : il vous défend contre la tyrannie des grands Vaffaux, & il n'étend fon autorité que pour faire fentir fes bienfaits. Le Laboureur cultive tranquillement fon champ, & ne voit autour de lui que des ordres qui affurent fon bonheur : en vain les Seigneurs murmurent, il leur apprend que le pardon même qu'il pouvoit leur accorder, eft la marque d'un pouvoir qu'il ne laiffera jamais affoiblir. Le Duc de Normandie feint d'ignorer qu'il eft Vaffal, & qu'il doit en cette qualité rendre un hommage à la Couronne. SUGER lui écrit tout fimplement : *Si vous ne venez point j'irai vous chercher*; & ce Duc, quoique le Prince le plus altier, fe hâte d'obéir. Et que ne dirions-nous point ici de ce Comte de Dreux, frere du Roi, qui, malgré ses prétentions au Trône & ses emportemens, se voit forcé de tomber aux genoux de Suger, dans une des plus brillantes assemblées du Royaume?

L'envie ne viendra-t-elle donc point grossir les triomphes de cet homme si rare & si précieux à l'État? Qui mérita mieux que lui d'être persécuté par cette ennemie implacable de la vertu? Mais déjà elle s'avance; déjà elle sifle aux oreilles des bruits désavantageux à Suger; & traînant à sa suite les médisances, les rapports, les soupçons, elle forme une tourbe de détracteurs qui déchirent sa réputation. Ce n'est plus ce Régent humble, désintéressé, l'honneur du siecle, l'idole de la Nation; c'est un intriguant, un ambitieux qui ne cherche qu'à se faire un nom aux dépens de son Souverain. Ciel! vous le vengerez. Tous ce qu'il fait, c'est votre ouvrage. Si le Monarque revient dans ses États avec la persuasion qu'il a été trahi, bientôt il sera détrompé; il va traverser tout un Royaume où les bénédictions qu'on donne à Suger empêcheront d'entendre les impostures que la rage publie contre lui. Que deviendroient les hommes de bien, si la vérité n'étoit pas plus forte que le mensonge ? Vous sortirez de vos retraites, innocens opprimés dont SUGER a pris la défense : vous quitterez vos asyles, pauvre Noblesse, qu'il a nourrie, & vous viendrez sur le passage de Louis faire entendre les cris de la reconnoissance, & rendre hommage à l'équité.

Mais vous avez déja rempli ce devoir.....: & le Souverain secondant vos désirs, revoit l'homme qu'il a honoré de sa confiance, avec des transports d'amitié. On ne dira donc plus que les Princes ne renoncent jamais à leurs préventions ; on ne dira plus qu'ils méconnoissent les services que peuvent leur rendre les Sujets les plus zélés. SUGER est proclamé par le Monarque lui-même, PERE DE LA PATRIE ; & les siecles qui leur succedent partageront leur admiration entre le Régent & le Roi.

Si l'on juge des hommes par leur cœur, peut-être ce Ministre si rare, ce Régent si cher à la Nation, seroit-il encore plus grand, quand il donne des marques de la plus vive amitié. L'ame est consolée, quand elle le voit s'épancher dans celle du Sénéchal GARLANDE, qu'il appelle toujours son ami, & dont il éternise la mémoire par les monumens de ses larmes & de ses regrets.

A Dieu ne plaise que nous le soupçonnions ici d'avoir fait taire la vertu pour laisser parler l'amitié. Ses prétendues liaisons avec Pons, Abbé de Cluni, ainsi qu'avec l'Abbé du Montcassin, ne l'engagerent jamais dans les désordres dont on les accusa, & ce n'est que la calomnie qui voudroit le rendre participant de leur goût pour le plaisir, parce qu'il chérit en eux des qualités estimables. Et quel est le grand homme qui eut toujours des amis sans défauts? comment les licencieux reviendroient-ils de leurs égaremens, si la sagesse ne vouloit ni les approcher ni les voir?

Les occasions semblent se multiplier de plus en plus, pour donner un nouveau lustre à SUGER. C'est lui qui, loin d'écouter l'austérité du Cloître, arrête Louis-le-Jeune prêt à répudier son épouse Éléonore, &

qui lui écrit à ce sujet une lettre pleine de sagesse & de modération; c'est lui qui met la réforme dans l'Abbaye de Saint Corneille de Compiegne, & qui l'y maintient avec sévérité, toujours occupé du bien public, toujours ardent à manifester un zele éclairé, toujours désintéressé, lui qui pouvoit s'honorer de la pourpre Romaine, & peut-être même parvenir alors au Souverain Pontificat.

Nous ne dirons pas qu'il fonda l'Université de Paris, pour ne pas heurter l'opinion publique qui en fait remonter la création jusqu'à Charlemagne; mais nous oserons dire qu'il lui donna du moins sa consistance & sa splendeur; chose d'autant plus admirable, que les Sciences étoient alors en quelque sorte sauvages, & qu'il commença par les apprivoiser de maniere à les rendre aux siecles futurs aussi familieres qu'agréables.

Mais nous touchons à ce funeste moment qui égale tous les hommes, & qui termine tous les éloges. SUGER n'est bientôt plus qu'une cendre stérile, & il se le dit à lui-même, & il le dit à ses freres ; qui tous réunis, recueillent en pleurant les dernieres marques de son affection & ses derniers adieux. Il les exhorte à vivre selon leur regle, il les embrasse, il leur recommande de s'aimer les uns les autres.

Funeste orgueil qui altere les actions les plus saintes, tu ne viendras point lui rappeller tout le bien qu'il a fait : ton langage lui seroit inconnu. Il demande pardon de ses fautes, il veut à toute force donner sa démission, il évoque Bernard du fond de sa retraite, désirant d'expirer entre ses bras ; il ne tient plus à la terre, il ne voit que le Ciel, il y vole, & la France se couvre de deuil.

Louis que faites-vous? Quelle sera votre douleur ! Des affaires importantes vous retiennent aux extrémités du Royaume ; mais il en est encore une plus intéressante pour vous, c'est de venir arroser de vos pleurs les tristes restes de SUGER, de ce Ministre intelligent, de ce Régent pacifique, de cet ami généreux qui mérita toujours toute votre bienveillance & toute votre affection. La reconnoissance est un des premiers devoirs des Monarques. Et que ne devez-vous pas au grand homme qui vous donna tant d'excellens conseils, qui vous représenta si dignement !

Déja le Roi, suivi des Seigneurs de sa Cour, arrive à Saint-Denis; & ne trouvant plus l'objet vivant que son cœur cherche avec la plus vive ardeur, il s'approche du corps inanimé de son cher Suger, il le contemple à travers les larmes qui offusquent ses yeux ; & dans le déchirement de son ame, il veut prononcer des paroles, & il ne pousse que de longs soupirs. On diroit qu'il voit autour de son cercueil les Maisons Royales qu'il a réparées, les Châteaux qu'il a fortifié, les dettes qu'il a payées, les coffres qu'il a rempli, l'agriculture qu'il a encouragée, la discipline des Églises qu'il a rétablie, la police qu'il a fait observer, la paix qu'il a assurée, le Trône qu'il a affermi. Que Louis fut grand dans ce moment ! que tous les Monarques qui suivront un pareil exemple, quand ils auront le bonheur de trouver un auſſi digne Miniſtre, mériteront d'être admirés !

Manes de SUGER, raſſurez-vous ! On ne vous affligera pas par des monumens érigés en votre honneur & contraires à cet eſprit de modeſtie qui voila toujours ſes talens. Il faut des ſiecles avant qu'on ſache où ce grand homme repoſe...... Mais qu'a beſoin d'un mauſolée celui qui eſt gravé dans tous les cœurs.

Béniſſons la génération préſente de ce qu'elle vient de ranimer ſa cendre par des éloges qui lui ſont ſi juſtement dus. Mais nos deſcendans ne chercheront-ils pas ſa ſtatue parmi celles des l'Hôpital & des Sully ? Qui ſoupçonneront-ils d'avoir arrêté le cizeau du Sculpteur, parce que ce perſonnage immortel fut un ſimple Religieux, lui qui, rempli de lumieres & de vertus, ne pouvoit manquer d'être célebre, n'eût-il été *que ſimple Moine de Saint-Denis* ?

Quel reſſort un homme de génie, ſurtout s'il eſt vertueux, ne donne-t-il pas à tout un Empire, malgré les paſſions, les intérêts, les cabales qui luttent contre ſes entrepriſes, & qui s'efforcent d'anéantir ſon ouvrage. Un Royaume eſt un navire lancé au milieu des mers, & qui, ayant continuellement à diſputer contre les rochers & les tempêtes, a beſoin d'un Pilote tel que SUGER. Ici il dompte les flots, là il évite les écueils, & preſque ſans autre ſecours que lui-même, il aſſure le calme, & ne voit rien qui altere ſa tranquilité. Si malgré la profondeur de ſes vues, l'élévation de ſon ame, la ſageſſe de ſon adminiſtration, il n'atteint pas ce bonheur que l'homme, toujours inquiet, eſpere trouver ſur la terre, c'eſt qu'elle n'eſt pas faite pour être le terme de ſes déſirs. L'Éternel ne communique qu'une partie de ſa ſageſſe aux plus grands Miniſtres : ſans cela l'homme partageroit avec lui ſa puiſſance & ſa gloire.

La portion la plus négligée parmi les Citoyens, eſt ordinairement le tiers-état : on l'abandonne, pour ainſi dire, au haſard, tandis qu'elle arrache des entrailles de la terre les précieux tréſors qui ſous tant de formes diverſes, perpétuent cette vie rapide que nous ſommes toujours au moment de perdre. Le regne municipal s'établit par les ſoins du Miniſtre de Louis-le-Gros; & ce Monarque, ſans être Charlemagne, applaudit à ce généreux deſſein.

Si les Peuples ſe léguoient les uns aux autres la reconnoiſſance qu'ils doivent à ceux qui les protegent, le nom de SUGER ſeroit encore ſur les levres de tous les malheureux. Il ſe débarraſſe des nuages qui l'offuſquent, des épines qui l'entourent, des précipices qui l'environnent, des piéges qu'on lui tend, & il atteint un jour lucide, un terrein uni ſur lequel il marche avec ſûreté, tandis que la barbarie du tems ouvre partout des volcans.

Sainte légiſlation, vous qui faites la félicité des Nations, vous qui arrêtez les maux qui naiſſent du deſpotiſme ou de l'anarchie, que de Monarques qui vous invoquerent uniquement, parce qu'il leur manquoit un SUGER ! Les lumieres qui deſcendent dans ſon ame ſerviront de guides à tous les âges, ſi l'homme, au milieu des vapeurs ténébreuses qu'exhalent continuellement ses préjugés & ses passions, cherche la véritable clarté. Un jour instruit l'autre, & ce n'est qu'en profitant de l'expérience & du savoir des Sages, qu'on arrive enfin à cette perfection qui tient en équilibre les Souverains & les Peuples.

Ce sera Saint-Bernard qui terminera lui-même cet éloge (1). « Vous honorerez votre
» ministere », disoit-il au Pape Eugene,
» en aimant & honorant avec distinction le
» Régent du Royaume, cet homme d'un
» mérite si rare & si distingué. Il vit à la
» Cour en Sage, dans son Cloître en Saint
» Religieux : & s'il y a dans l'Église de
» France quelque vase de prix qui embellisse
» le Palais du Roi des Rois, c'est sans doute
» le vénérable Abbé SUGER ».

---

(1) Saint-Bernard, Épître 305.

FIN

www.ingramcontent.com/pod-product-compliance
Lightning Source LLC
LaVergne TN
LVHW020049090426
835510LV00040B/1648